生きるためのエネルギー

カロリー！

カロリーをとろう

1

監修 牧野直子

フレーベル館

もくじ

はじめに ……… 3

第1章 カロリーを知ろう！

カロリーってなに？ ……… 4
カロリーはどこからとるの？ ……… 6
カロリーはなにに使われるの？ ……… 8
カロリーは1日にどれくらい必要？ ……… 10

チャレンジ 1日に必要なカロリーの量と、実際にとったカロリーの量を調べてみよう！ ……… 12

カロリーが多いと・少ないと ……… 14

第2章 上手にカロリーをとろう！

食べものには、どのくらいカロリーがあるの？ ……… 16

チャレンジ 食べもののカロリーを比べてみよう！ ……… 17

カロリーにふくまれるもの ……… 18
栄養素ってなに？ ……… 20
どんな栄養素があるの？ ……… 22
三色食品群を知ろう！ ……… 25

チャレンジ 身近な食べもののカロリーと栄養素を見比べてみよう ……… 26

バランス食の見本！　給食の献立を見てみよう ……… 28
食事バランスガイドで必要な栄養バランスを知ろう ……… 30

チャレンジ カロリーと栄養のバランスに気をつけて献立を考えてみよう！ ……… 32

おいしい食事をつくってカロリーをとろう！

朝食におすすめの献立 ……………… 34
昼食におすすめの献立 ……………… 36
夕食におすすめの献立 ……………… 38
運動をがんばったときにおすすめの献立 ……………… 40
おやつにおすすめの献立 ……………… 42
勉強中の夜食におすすめの献立 ……………… 42
ぐっすりねむりたいときにおすすめの献立 ……………… 43

カロリーや栄養にかんするQ＆A ……………… 44

さくいん ……………… 47

はじめに

　食べものの話などでよく耳にする「カロリー」という言葉。この「カロリー」とはなにか知っていますか？　カロリーとは、わたしたちが生きていくために必要なエネルギーの量を表す単位のこと。最近ではエネルギーそのものを指す言葉としても使われています。わたしたちは、毎日の生活の中でカロリーをとり、それを使うことで生きています。

　じつは、わたしたちが運動したり勉強したりと、活動できるのはカロリーのおかげなのです。ただし、カロリーをたくさんとればとるほどいいというわけではありませんし、どんな食べものからカロリーをとるかも、考えなくてはいけません。カロリーについて正しい知識を得ることは、これからの毎日を元気に生きていくためのヒントになるでしょう。わたしたちは食べたものでできています。このシリーズが、自分自身で自分や家族の健康を守る手助けとなればうれしいです。

牧野直子（管理栄養士、料理研究家）

第1章 カロリーを知ろう！

カロリーってなに？

「カロリー」という言葉をきいたことがありますか？
カロリーとは、ラテン語の「熱」を意味する言葉からきている、
エネルギー量（熱量）の単位のことです。わたしたちが生きるためや、
からだを動かすのに必要なエネルギー量を、カロリーを使って表します。
たとえば、食べものからとり入れるエネルギー量を
「1食○キロカロリー」といい、「○kcal」と表します。また、運動をするときに
使うエネルギー量などは「10分で○kcal」と表します。

> たとえば、1キロカロリーは「1 kcal」と書き、
> 1カロリーは「1 cal」と書きます。
> 1calの1000倍が1 kcalです。

よく、「この食べものはカロリーが高い」などといわれることがありますが、正しい表現では「エネルギー量が高い」といいます。
ただし、現在、エネルギー量とカロリーは同じような意味で使われていることが多いため、このシリーズでは、「エネルギー量」のことを「カロリー」という言葉で説明しているところがあります。

わたしたちが、走ったり運動したりするときなど、からだを動かすときには、多くのカロリーが使われています。また、本を読んだり、友だちとおしゃべりしたりしているときなど、あまりからだを動かしていないときにも、カロリーは使われています。

➡ どんなときに、どのくらいの量のカロリーが使われるかについては、2巻でくわしく説明しているよ。

1Lの水の温度を1度上げるために必要なエネルギーが1kcal。また、1ml（小さじ5分の1ぱい）分の水の温度を1度上げるために必要なエネルギーが1calとされています。

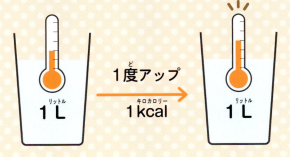

カロリーはどこからとるの？

わたしたちは、生きていくために必要なカロリーを、
食べものや飲みものから得ています。
食べたものが、わたしたちのからだをつくり、
さらにからだを動かす源となっているのです。
そのため、わたしたちが健康に生きていくためには、食事が欠かせません。

ごはん
ラーメン
マヨネーズ
パン

食事の役割は、必要なカロリーをとるということだけではありません。おいしいものを食べてしあわせを感じたり、家族や友だちといっしょに食事をすることでふれあいの場になったりと、からだだけでなく、心を元気にする効果もあります。

また、食べたり飲んだりしたものは、
そのままの形でからだにとり入れるのではなく、
胃や小腸などの消化器で、さらにこまかく分解され、
食べものの中の栄養素（→20ページ）が、からだにとりこまれます。
食べたものをからだの中で分解するはたらきを「消化」、
体内にとり入れることを「吸収」といいます。

カロリーはなにに使われるの？

わたしたちは、食べものや飲みものから得たカロリーを、生きるためや、からだを動かすため、食べたものを消化するためなどに使っています。そのなかでも、生きるために使われるカロリーがもっとも多く、1日に使うカロリーのおよそ60％を使っています。

生きるために使われるカロリー

呼吸をしたり、血液をからだの中で循環＊させたりするのに、カロリーが使われます。また、体温を一定に保ったり、内臓を動かしたりするのにもカロリーが必要です。からだを動かさずじっとしているときや、ねているとき、意識せずともカロリーは使われているのです。
この、生きていくうえで最低限必要なカロリーのことを「基礎代謝」といいます。

60％

- 呼吸をする
- 血液を循環させる
- 体温を保つ
- 内臓を動かす

「基礎代謝」については2巻でくわしく説明しているよ。

＊血液の循環……血液が全身をめぐること。血液中の酸素などを運んでいる。

からだを動かすために使われるカロリー

立ったり座ったり、歩いたり走ったりなど、わたしたちは日常生活のさまざまな場面でからだを動かします。そして、からだを動かすときには、カロリーが必ず使われています。また、動かす量が多いほど、使われるカロリーも多くなります。例えば、横になってじっとしているときに使うカロリーを1とすると、歩くのに使うカロリーはおよそ2.2倍だと考えられています。

30%

- 内臓を動かす
- 筋肉を動かす

> どんなときにどのくらいの量のカロリーが使われるかについては、2巻でくわしく説明しているよ。

食べたものを消化するために使われるカロリー

食べたものの栄養素（→20ページ）をちゃんと体内に吸収できるように、消化するときにも、カロリーが使われています。このとき、栄養素が分解されて、その一部が熱となります。そのため、食べているときや、食べたあとは、からだがポカポカ温かくなります。

10%

- 胃などの消化器官を動かし食べものを分解する

カロリーは1日にどれくらい必要？

1日にどれくらいのカロリーが必要なのかは、
性別や年れい、身長や体重、運動の量などによって変わります。
年れいが上がり、からだが大きくなってくると、
1日に使うカロリーの量も増えます。
中学生や高校生のころは、からだの成長に必要なことと、
からだを動かす量も多い分、多くのカロリーをとらなければいけません。

10さいより年れいが低い場合、必要なカロリーはもっと少なくなります。

女子 2,100 kcal
男子 2,250 kcal

10〜11さい

女子 2,400 kcal
男子 2,600 kcal

12〜14さい

女子 2,300 kcal
男子 2,800 kcal

15〜17さい

とくに中学生や高校生は、たくさんのカロリーが必要！

成長期*の子どもは、おとなと同じくらいかそれ以上に、
カロリーが必要なこともあります。
女性は、だいたい中学生のころ、いちばん多くのカロリーを必要としています。
男性は、だいたい高校生のころ、多くのカロリーが必要です。
また、運動をあまりしていない場合の必要なカロリー量は、この基準よりも
少なくなり、運動をたくさんしている場合の必要なカロリー量は、
この基準よりも多くなります。

＊成長期……からだが成長している時期。女子は11さいごろ、男子は13さいごろ、ぐんと身長がのびる。

ここでは、平均的な体格で、運動量（身体活動レベル（➡12ページ））がふつうの場合の、1日に必要なカロリー量の目安を示しています。自分に合わせた、カロリー量の目安については、12ページで調べてみましょう。

64さい以上になると、
必要なカロリーは
もっと少なくなっていきます。

女性 2,000 kcal
男性 2,650 kcal
女性 2,050 kcal
男性 2,700 kcal

女性 1,950 kcal
男性 2,600 kcal

18〜29さい

30〜49さい

50〜64さい

出典:「日本人の食事摂取基準（2020年版）」厚生労働省

1日に必要なカロリーの量と、実際にとったカロリーの量を調べてみよう！

自分に必要なカロリーは？

健康に生きていくためには、自分に必要なカロリーの量を知っておくことが大切です。下の表をもとに、自分に必要なカロリー量を調べてみましょう。1日に必要なカロリー量は、右の計算方法で導き出しています。

基礎代謝量については、8ページへ。2巻ではさらにくわしく説明しているよ。

★身体活動レベル

身体活動レベルとは、ふだんの生活の中でどれくらい運動をしているかを3つのレベルに分けたものです。Ⅰ～Ⅲのうち、自分にあてはまるレベルを確認しましょう。

レベルⅠ：生活の大部分が座っている状態で、活動量が多くない場合
レベルⅡ：座っていることが多いけれど、移動や立ってする作業や活動、軽いスポーツをしている場合
レベルⅢ：立って活動することが多かったり、スポーツなど活発な運動習慣があったりする場合

自分にあてはまる**年れい・性別・身体活動レベル**の数値がおおよそのカロリー量です。

| 年れい | 1日に必要なカロリーの量（キロカロリー） ||||||
| | 身体活動レベル（男） ||| 身体活動レベル（女） |||
	Ⅰ	Ⅱ	Ⅲ	Ⅰ	Ⅱ	Ⅲ
1～2	-	950	-	-	900	-
3～5	-	1,300	-	-	1,250	-
6～7	1,350	1,550	1,750	1,250	1,450	1,650
8～9	1,600	1,850	2,100	1,500	1,700	1,900
10～11	1,950	2,250	2,500	1,850	2,100	2,350
12～14	2,300	2,600	2,900	2,150	2,400	2,700
15～17	2,500	2,800	3,150	2,050	2,300	2,550
18～29	2,300	2,650	3,050	1,700	2,000	2,300
30～49	2,300	2,700	3,050	1,750	2,050	2,350
50～64	2,200	2,600	2,950	1,650	1,950	2,250
65～74	2,050	2,400	2,750	1,550	1,850	2,100
75～	1,800	2,100	-	1,400	1,650	-

出典：「日本人の食事摂取基準（2020年版）」厚生労働省

とったカロリーを調べよう

自分に必要なカロリーの量がわかったら、ふだん自分はどれくらいのカロリーをとっているのかを調べてみましょう。そして、実際にとっているカロリーと、必要なカロリーを比べてみて、必要なカロリーよりも多いのか、それとも少ないのかを調べてみましょう。

調べ方

❶ 1日にとった食べものや飲みもの、すべてをノートにメモしておく。そのとき、その食べものや飲みもののカロリーもいっしょにメモしておく。カロリーを調べるときは、栄養成分表示（➡18ページ）や、この本の、いちばんうしろにのっているカロリー表を見てみよう。

❷ 1日分をメモし終えたら、すべてのカロリーを足して、合計カロリーを出す。そして、必要なカロリーより多いか、少ないか、比べてみる。

メモの例

わたしに必要なカロリー→2,100kcal
（・年れい／11さい　・女子　・活動レベルⅡ）

朝　　サンドイッチ……………310kcal
　　　バナナ 1本……………112kcal
　　　牛乳 1ぱい……………128kcal

昼　　給食……………665kcal
　　　（カレーライス、牛乳、きのこと野菜のソテー、ゼリー）

夜　　ジュース……………97kcal
　　　ハンバーグ……………270kcal
　　　ごはん（150g）……………234kcal

おやつ　ポテトチップス……336kcal

合計 2,152kcal

カロリーが多いと・少ないと

食べものからとったカロリーのことを「摂取カロリー」といい、
運動などで使われるカロリーのことを「消費カロリー」といいます。
摂取カロリーが消費カロリーよりも多いと、体重が増えます。
反対に、摂取カロリーよりも消費カロリーの方が多いと、体重が減ります。

カロリーが多いと……

日ごろから食べすぎたり、運動不足だったりすると、摂取カロリーが消費カロリーよりも多くなり、体重が増えます。さらに、体重が増えすぎてしまうと、生活習慣病＊などの病気につながりやすくなる恐れもあります。

＊生活習慣病……毎日の食事など、生活習慣が原因となる病気のこと。がんや糖尿病、高血圧など、多くの病気がふくまれる。

カロリーが少ないと……

極度に食べる量を減らしたり、運動をたくさんしてもあまり食べなかったりすると、摂取カロリーが消費カロリーよりも少なくなり、体重が減ります。さらに体重が減りすぎてしまうと、病気やけがをしやすくなります。女子の場合は、将来、赤ちゃんを産むための準備がうまくできない恐れもあります。

ただし、思春期*はからだに変化がおとずれ、体重が増える時期でもあります。
体重が増えたことを心配して、無理なダイエット*や、まちがったダイエットをすると、からだに悪い影響をあたえてしまいます。
からだが成長する大切な時期だからこそ、摂取カロリーと消費カロリーのバランスを考え、しっかり食事をとり、しっかり運動することを心がけましょう。

*思春期……子どもからおとなに移り変わる時期。個人差はあるが、だいたい小学校高学年から高校生くらいのころ。
*ダイエット……食事の量を制限したり、運動をしたりして、体重を減らすこと。

適正体重を知ろう！

健康にすごしていくためには、太りすぎでもやせすぎでもなく、その人の身長に合った適正体重であることが大切です。適正体重は、小学生や中学生は「ローレル指数」というものを使って調べることができます。下の計算式で自分のローレル指数を出し、測定してみましょう。

ローレル指数＝体重(kg)÷(身長(m)×身長(m)×身長(m))×10

ローレル指数	判定
100未満	やせすぎ
100以上　115未満	やせ気味
115以上　145未満	標準
145以上　160未満	太り気味
160以上	太りすぎ

計算の例 体重37kg、身長145cmの11さいの場合

37(kg)÷(1.45(m)×1.45(m)×1.45(m))×10= 約121

ローレル指数で見ると標準なので適性体重

第2章 上手にカロリーをとろう！

食べものには、どのくらいカロリーがあるの？

どのくらいのカロリーがあるかは、食べものごとにちがいます。
たとえば、ショートケーキ1個のカロリーは283kcalですが、
カレーライス1皿のカロリーは798kcalです。また、飲みものにもカロリーはあり、
その飲みものごとにカロリーはちがいます。

りんご1個
111kcal

バナナ1本
112kcal

ショートケーキ1個
283kcal

カレーライス1皿
798kcal

ごはん1ぱい(150g)
234kcal

ジュース1ぱい(200ml)
97kcal

牛乳1ぱい(200ml)
128kcal

チャレンジ Challenge! 食べもののカロリーを比べてみよう！

下の4つの組み合わせで、ふたつの食べもののカロリーを比べたとき、どちらのカロリーが高いのか、予想してみましょう。
予想したあとは、この本のいちばんうしろにのっているカロリー表を使って、答え合わせをしてみましょう。

このほかにも、ふだんよく食べているものがどのくらいのカロリーか調べて、いろいろ比べてみましょう。

カロリーにふくまれるもの

菓子や加工食品など、店で売られている食べものや飲みものの
カロリーがどのくらいかを調べたいときには、
商品についている「栄養成分表示」を見てみましょう。
栄養成分表示には、その商品のカロリーのほか、栄養素（→20ページ）が
どのくらいふくまれているかも表示されています。
じつは、わたしたちは、1日に必要なカロリーの量だけを守って食事をすれば
よいわけではありません。カロリーにふくまれているさまざまな栄養素を
バランスよくとることで、健康を守ることができます。

カロリー（熱量／エネルギー）、たんぱく質、脂質、炭水化物、食塩相当量（ナトリウム）の5つの項目は、健康に生きていくためにとくに大切なもので、生活習慣病（→14ページ）などの病気とも深く関係があります。店で売られている加工食品などには、この5つの項目を必ず表示することが法律で決められています。

> それぞれの項目にあたる栄養素や役割については、20～24ページで説明しているよ。

栄養成分表示	1箱あたり
熱量（エネルギー）	515kcal
たんぱく質	5.2g
脂質	33.8g
炭水化物	47.4g
食塩相当量	0.5g

加工食品などには、栄養成分表示のほかに、「食品表示」も必ず表示されています。食品表示には、原材料や食品添加物などが、使われている量が多い順に書かれています。

【食品表示の例】

●名称：焼き菓子　●原材料名：小麦粉、バター、砂糖、卵、アーモンドパウダー、チョコレート、食塩／香料、乳化剤

栄養成分表示の見方

栄養成分表示	1箱あたり
熱量（エネルギー）	515kcal
たんぱく質	5.2g
脂質	33.8g
炭水化物	47.4g
食塩相当量	0.5g

単位

1食あたりや1個あたり、100gあたり、100mlあたりなど、単位が表示されています。左の表の場合は、1箱あたりの成分を示します。

カロリー（熱量／エネルギー）

熱量（エネルギー）の項目を見れば、カロリーの量がわかります。この商品の場合、1箱あたりのカロリーが515kcalです。

その他

5つの項目のほかに、カルシウムやビタミンなどの栄養素が表示されていることもあります。

栄養素（→20ページ）

たんぱく質、脂質、炭水化物、食塩相当量がそれぞれ書いてあります。食塩相当量とは、食品にふくまれるナトリウムの量から食塩の量を計算したものです。

お弁当やおやつ、飲みものなどの商品を選ぶときには、カロリーを確認するだけでなく、ふくまれている栄養素にも注目してみましょう。

例 ふたつの飲みものを比べるとき

Aの飲みもの

栄養成分表示	1本（200ml）あたり
熱量（エネルギー）	42kcal
たんぱく質	1.5g
脂質	0.4g
炭水化物	9.5g
食塩相当量	0.13g

Bの飲みもの

栄養成分表示	1本（200ml）あたり
熱量（エネルギー）	72kcal
たんぱく質	0.4g
脂質	0g
炭水化物	18g
食塩相当量	0.08g

Aの方がBよりもカロリーが低い。しかし、食塩相当量を見ると、Bよりも塩分がかなり多くふくまれていることがわかる。

Bの方がAよりもカロリーが高い。ただし、塩分はBよりも少ない。

塩分のとりすぎは、将来さまざまな病気につながることがあります。そのため、カロリーが低いからとたくさん飲んでいると、健康に影響が出ることがあるのです。

栄養素ってなに？

わたしたちは、食べたり飲んだりしたものを
からだの中で消化・吸収（→7ページ）し、筋肉や血液をつくったり、
生きるために必要なエネルギーに変えて使ったりと、「代謝」しています。
また不要なものを、便か尿として排泄します。
この一連の活動をくり返しおこなうことを「栄養」といいます。
「栄養素」とは、栄養の源になる物質のことで、
食べものや飲みものにふくまれています。
つまり、わたしたちは、食べものや飲みものから栄養素をとり入れ、
エネルギーに変えているのです。
栄養素は大きく分けて5つあります（→22ページ）。

食べものや飲みものによってカロリーはそれぞれちがいます
が、ふくまれている栄養素もさまざまです。必要なカロリーの
量だけ気をつけていても、ひとつの栄養素にかたよって、とっ
たりとらなかったりすると、健康ではいられません。健康を保
つためには、必要な栄養素をバランスよくとることが大切です。

22ページから5つの栄養素を
くわしく説明するよ。

栄養素が
かたよると……

つかれやすくなる

エネルギーを生み出す栄養素が不足すると、からだがつかれやすくなり、気分もすぐれないと感じるようになります。また、運動する力も低下し、からだに不調をもたらします。

病気やけがをしやすくなる

からだの中の病気とたたかう力が低下したり、骨が弱くなったりすることで、病気やけがをしやすくなってしまいます。また、回復する力も低下するため、治りもおそくなります。

体重が増える

きちんと栄養素がとれずにいると、筋肉が落ちて、からだが消費するカロリーの量（→14〜15ページ）が減ります。それによって、食べすぎていないのに体重が増えてしまうようになります。

21

どんな栄養素があるの？

栄養素の中でも、わたしたちの生きるエネルギーの源や、からだをつくるもとになるのが、「たんぱく質」「脂質」「炭水化物」の三大栄養素です。
また、この3つに「ビタミン」「無機質」を加えたものを、五大栄養素とよびます。
これらは、健康に生きていくために欠かせない栄養素です。

炭水化物

カーボハイドレート C arbohydrate

1gあたり……4kcal

糖質と食物繊維を合わせたものを炭水化物といいます。このうち、糖質は脳やからだを動かすエネルギーになります。すばやくエネルギーに変えられるので、からだをすぐに元気にすることができます。また、脳のエネルギーになるのは糖質だけです。
食物繊維は、ほとんどエネルギーにはなりませんが、腸の中をきれいにして、便秘や病気を防ぐ役割をしています。

米やパン、めん類などに多くふくまれる

三大栄養素のバランスのことを、たんぱく質（Protein）、脂質（Fat）、炭水化物（Carbohydrate）の頭文字をとって、「PFCバランス（→27ページ）」といいます。
食べものや飲みものにふくまれるカロリーは、
三大栄養素の1gあたりのカロリーで計算されています。

P rotein

たんぱく質
1gあたり……4kcal

筋肉や骨、内臓、皮ふや血液など、わたしたちのからだの大部分はたんぱく質でつくられています。また、からだを動かすエネルギーになったり、からだの調子を整えるホルモンなどの原料になったりします。たんぱく質が不足すると、筋肉が減ったり、からだを守る力が低下したりします。

> 肉や魚、たまごや大豆などに多くふくまれる

F at

> 植物油やバター、マヨネーズ、肉や魚の脂肪などに多くふくまれる

脂質
1gあたり……9kcal

少ない量でも大きなエネルギーを生み出します。脂質が不足すると、エネルギー不足となり、つかれやすくなったり、やる気が出なくなったりします。反対にとりすぎると、体重が増える原因になります。

ビタミンや無機質は、これだけではエネルギーにはなりません。そのため、1gあたり0kcalです。ただし、たんぱく質、脂質、炭水化物にふくまれる糖質のはたらきを助けるため、健康には欠かせない栄養素です。

無機質

ミネラルともよばれ、筋肉や神経のはたらきを調整するほか、歯や骨などの材料にもなります。カルシウムやナトリウム、鉄や亜鉛など、さまざまな種類があります。からだに欠かせない無機質は13種類あり、それぞれがちがうはたらきをします。

牛乳や小魚、海そうなどに多くふくまれる

野菜やくだものに多くふくまれる

ビタミン

からだの調子を整えたり、糖質やたんぱく質、脂質など、ほかの栄養素のはたらきを助けたりする役割をもっています。きれいなはだや、髪の毛をつくるのにも欠かせない栄養素です。ビタミンは、水にとける性質のものと、水にはとけず油脂にとける性質のものに分けられます。また、全部で13種類あり、それぞれはたらきがちがいます。

五大栄養素

人間のからだをつくるもの

年れいや性別によってちがいますが、人間のからだのおよそ60％は水分でできています。その次に、からだをつくる成分で多いのがたんぱく質、次が脂質です。

約60％→水分
約20％→たんぱく質
約15％→脂質
約4％→ビタミン・無機質
約1％→炭水化物

三色食品群を知ろう！

食べものにふくまれる栄養素のはたらきごとに、赤・緑・黄の三色に例えて分類したものを「三色食品群」といいます。
それぞれのグループからバランスよく食べることで、栄養素がからだの中で協力しあって力を発揮します。

赤のグループ	緑のグループ	黄のグループ
おもにからだをつくるもとになる食べもの	おもにからだの調子を整えるもとになる食べもの	おもにからだを動かすエネルギーのもとになる食べもの
たんぱく質を多くふくむ肉や魚、たまごや大豆などの食べものと、無機質を多くふくむ牛乳や小魚、海そう、チーズなどの食べもの。	ビタミンを多くふくむにんじんやトマト、ブロッコリーやいちごなどの野菜やくだもの、きのこ類など。	炭水化物を多くふくむ、米やパン、じゃがいもやめん類などの食べものと、脂質を多くふくむ植物油やバター、マヨネーズなどの食べもの。

ふだん食べている学校給食の献立表などには、その日の献立で使われた食材が、三色食品群に分けて説明されていることがあります。確認してみましょう。

チャレンジ Challenge! 身近な食べもののカロリーと栄養素を見比べてみよう

栄養成分表示をチェック！

ふだん、よく食べているレトルト食品やお気に入りの菓子などにふくまれているカロリーや栄養素を、栄養成分表示（→18～19ページ）を見て調べてみましょう。

- どんな栄養素がふくまれている？
- 塩分が多い方は？
- 今日とりたい栄養素は？
- どっちのカロリーが高い？
- いつもおやつに食べてるおかしのカロリーは？

⚠ 単位に気をつけよう！

栄養成分表示は、商品によって単位がちがいます。たとえば、1食分あたりや、100gあたりで表しているものなどがあります。自分が食べた分のカロリーや栄養素の量を知りたいときは、栄養成分表示をもとに、計算してみましょう。

例 1食分（250g）のそれぞれの量を知りたいとき

栄養成分表示（100gあたり）	
熱量（エネルギー）	255kcal
たんぱく質	8.1g
脂質	4.6g
炭水化物	45.3g
食塩相当量	1.1g

250gあたりの量
→ 255kcal × 2.5 ≒ 638kcal
→ 8.1g × 2.5 ≒ 20.3g
→ 4.6g × 2.5 = 11.5g
→ 45.3g × 2.5 ≒ 113.3g
→ 1.1g × 2.5 ≒ 2.8g

食品を選ぶときのポイントは？

いくつかの食品を見てカロリーや栄養素がわかったら、
カロリーの高いものや低いもの、
栄養素のバランスのよいものはどれか調べてみましょう。
また、気づいたことをまとめ、今後食品を選ぶときに気をつけてみましょう。

メモの例

気づいたこと
- お気に入りのおかしは、カロリーはすごく高いのに、脂質と炭水化物の量ばかり多くて、栄養バランスがよいとはいえないことがわかった。
- 1日を通して調べてみると、1日に必要なカロリーはちゃんととれていたけれど、たんぱく質の量が少なくて、脂質と炭水化物の量が多いことがわかった。

必要な栄養素のバランスは？

自分に必要なカロリー量をとるだけでなく、栄養素のバランスを考えることで、健康に役立てることができます。
健康を保つために、エネルギーの源になるたんぱく質、脂質、炭水化物の三大栄養素（→22ページ）は、右のようなPFCバランス（→23ページ）でとるのが望ましいとされています。

P たんぱく質 13〜20%
F 脂質 20〜30%
C 炭水化物 50〜65%

出典：厚生労働省「日本人の食事摂取基準（2020年版）」

計算の例

1日に必要なカロリーの量が、2,100kcalのとき、三大栄養素の目安は次のように計算します。

たんぱく質	2,100 ×（13〜20%）÷	4	＝約68〜105 g
脂質	2,100 ×（20〜30%）÷	9	＝約46〜70 g
炭水化物	2,100 ×（50〜65%）÷	4	＝約262〜341 g

1 gあたりのカロリーの量（→22〜23ページ）

※ここでは、小数点以下を切り捨てています。

バランス食の見本！
給食の献立を見てみよう

給食は、三色食品群（➡25ページ）の
どのグループの食べものも必ず入るようにつくられており、
栄養バランスのよい献立が考えられています。
また、給食で成長期（➡11ページ）の子どもが
1日に必要なカロリーの約3分の1をとれます。

りんご

とうふ
肉

ごはん

給食1食分の
カロリーの目安

6～7さいの場合 ➡ 560kcal

8～9さいの場合 ➡ 660kcal

10～11さいの場合 ➡ 770kcal

12～14さいの場合 ➡ 850kcal

給食の献立を考えているのは、栄養素についての専門の知識をもった栄養士です。学校給食では、1食あたりの栄養素の摂取基準が決められているため、それぞれの栄養素がとれるように献立を決めています。

きゅうり
玉ねぎ

牛乳

たまご
キャベツ
にんじん

献立のつくり方

それぞれの栄養素を、1日に必要な量のおよそ30～40％が給食でとれるように文部科学省が摂取基準を考えています。

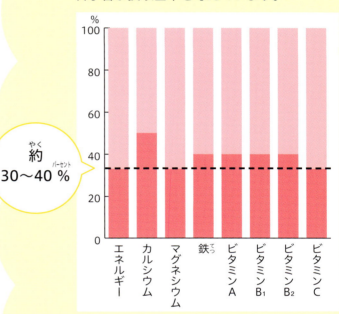

約30～40％

栄養素のなかでも、「カルシウム」は、じょうぶな骨や歯をつくるために欠かせません。しかし、家庭でとる量が少ないため、給食で多めにとることがすすめられています。そのため、1日に必要な半分の量がとれるように、基準が決められています。

ほかにも
- 生の魚や肉を出してはいけないなど、給食のルールを守ってつくることができるか
- 旬*の食材は使われているか
- 行事に合わせた献立になっているか

など、栄養素のバランス以外にもさまざまなことを考えて献立はつくられています。

＊旬……その食べものがよくとれて、味がいちばんよいとされる時期。

29

食事バランスガイドで必要な栄養バランスを知ろう

1日になにをどのくらい食べたらよいか考えるときには「食事バランスガイド」が役立ちます。
「主食」「副菜」「主菜」「牛乳・乳製品」「くだもの」の5つのグループをそれぞれどれだけ食べればバランスのよい食事になるかを確認したり、献立を考えたりすることができます。

※食事バランスガイド……厚生労働省・農林水産省が2005年に制作。

食事バランスガイドは、コマのような形をしていて、5つのグループのどれかが足りないと、バランスがくずれてコマが倒れてしまうイメージです。コマの上の方にあるものほど、必要な量が多く、下にあるものほど必要な量が少ないことを示しています。また、食事バランスガイドでは、料理を1つ、2つ、など「つ（SV）」*を単位にして数えています。

＊食事バランスガイドでは、料理を数える単位として、「つ（SV＝サービング）」で表しています。

※左のコマは、2,200±200kcalをもとにしたものです。
※菓子や嗜好飲料は、食生活の楽しみのひとつとして、適量をとることで、コマをうまく回すためのヒモの役割になります。

もっとかんたんに考えたいときは……

食事バランスガイドを使うほかに、家や外出先でもかんたんに食事のちょうどよい量を考える目安となる「手ばかり」という方法があります。自分の手を使って食材の量をはかる方法です。

主食
1食につき、1つ選んで両手にのるくらいが目安。

主食

ごはんやパン、うどんやスパゲッティなど、おもに炭水化物を多くふくむ料理。1日に必要なカロリーのうち、約50〜60％を主食でとることが望ましいです。

料理の例

 ごはん小盛り＝1つ分

 食パン1枚＝1つ分

 うどん1ぱい＝2つ分

副菜

野菜やきのこ、海そうなどを使った、おもにビタミンや無機質を多くふくむ料理。1回の食事で2〜3つとることが望ましいです。

 具だくさんみそ汁＝1つ分

 ほうれん草のおひたし＝1つ分

 野菜いため＝2つ分

主菜

魚や肉、大豆製品、たまごなど、おもにたんぱく質を多くふくむ料理。1回の食事で1〜2つとることが望ましいです。

 目玉焼き＝1つ分

 焼き魚＝2つ分

 ハンバーグステーキ＝3つ分

牛乳・乳製品

牛乳やヨーグルト、チーズなどの、たんぱく質やカルシウムなどのミネラルを多くふくむ料理。主食・主菜・副菜のほかに、これらをとり入れると、さらにバランスよく、たくさんの栄養素がとれます。

 牛乳コップ半分＝1つ分

 牛乳びん1本＝2つ分

くだもの

ビタミンやカリウムなどを多くふくみます。牛乳や乳製品と同じように、くだものをとることで、主食や主菜、副菜だけでは足りない栄養を補うことができます。

 りんご半分＝1つ分

 みかん1個＝1つ分

主菜

片手の手のひらにのるくらいが目安で、これを4つで1日分。肉や魚の厚みは、手のひらの厚みと同じくらい。

副菜

1食につき、両手1ぱいくらいが目安。また、1日につき緑黄色野菜を両手1ぱい、そのほかの野菜を両手2はいが目安。

くだもの

1日につき、片手の手のひらにのるくらいや、にぎりこぶし1つ分が目安。

カロリーと栄養のバランスに気をつけて献立を考えてみよう！

食事バランスガイドを使って、栄養バランスのとれた食事になるように1日の献立を考えてみましょう。

1 必要なカロリーの量を調べる

この本の12～13ページを見て、自分の1日に必要なカロリー量を調べてみましょう。
必要なカロリー量がわかったら、下の表で、自分の1日に必要な食事の量を確認します。
また、自分にちょうどいいコマがどれかを見つけましょう。

必要なカロリーの量	主食	副菜	主菜	牛乳・乳製品	くだもの	
1,400～2,000kcal	4～5つ	5～6つ	3～4つ	2～3つ	2つ	→アのコマ
2,200±200kcal	5～7つ	5～6つ	3～5つ	2～3つ	2つ	→イのコマ
2,400～3,000kcal	6～8つ	6～7つ	4～6つ	2～4つ	2～3つ	→ウのコマ

2 コマにあてはまるように献立を考える

食事バランスガイドの5つの料理グループをバランスよくとれるように、
1日の献立を考えてみましょう。
右のページの「おもな料理の例」の表を参考にしながら、
料理がコマのどこに入るかを確認して、色をぬっていきましょう。

下のコマは、コピーして使ってね。

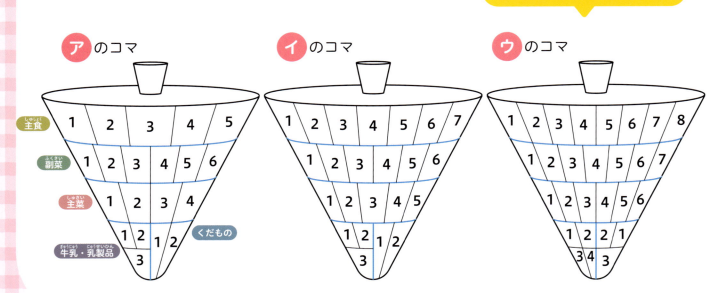

おもな料理の例

主食	1つ分→ごはん小盛り1ぱい、おにぎり1個、食パン1枚、ロールパン2個など。 1.5つ分→ごはん中盛り1ぱい 2つ分→うどん1ぱい、ラーメン1ぱい
副菜	1つ分→きゅうりとわかめの酢のもの、具だくさんみそ汁、ほうれん草のおひたし、ポテトフライなど。 2つ分→野菜の煮もの、野菜いため、コロッケなど。
主菜	1つ分→冷ややっこ、納豆、目玉焼き、ウインナー2本など。 2つ分→焼き魚、オムレツ(たまご2個)など。 3つ分→ハンバーグステーキ、鶏肉のからあげなど。
牛乳・乳製品	1つ分→牛乳コップ半分、チーズ1かけなど。 2つ分→牛乳びん1本分など。
くだもの	1つ分→りんご半分、みかん1個など。

ほかの料理を調べたいときは、下のURLか、右の二次元コードから調べてね。

https://www.maff.go.jp/j/syokuiku/zissen_navi/balance/chart.html

1日の献立例

朝食でおにぎり1個と、具だくさんみそ汁、目玉焼きを食べるときは、主食のところを1マス、副菜のところを1マス、主菜のところを1マスぬります。

朝食
・おにぎり
・具だくさんみそ汁
・目玉焼き

昼食
・食パン2枚
・コロッケ
・ウインナー2本
・牛乳コップ半分
・りんご半分

夕食
・ごはん中盛り1ぱい
・野菜いため
・焼き魚
・チーズ1かけ

1日の献立で、完璧なコマの形に近くなるように色がぬれたら、栄養バランスがとれた食事です。

おやつは食べてもいいの？

食事バランスガイドでは、菓子やジュースなどの嗜好飲料は、楽しみのために食べるものとして、コマをうまく回すためのヒモの役割と考えられています。
また、おやつは、1つ2つなど「つ」の単位ではなく、kcalを単位として考えます。1日あたり、200kcalくらいを目安に考えましょう。
また、おやつは、3度の食事でとりきれないカロリーや栄養素を補う役割もあります。そのため、糖質やビタミン、ミネラルなどをとることができる、おにぎりやくだもの、ヨーグルトやチーズなどの乳製品を食べるのもおすすめです。

料理をはじめる前に

- 石けんで手をきれいに洗いましょう。
- 包丁やキッチンばさみなどの道具を使うときは、けがをしないように気をつけましょう。
- 火を使うときは、おとなの人といっしょに使いましょう。

調味料の計量をチェック！

大さじ1……15ml
小さじ1……5ml
ひとつまみ…親指、人さし指、中指の3本でつまんだほどの量
少々…………親指と人さし指の2本でつまんだほどの量

ミニトマトのスクランブルエッグ

材料（2人分）

ミニトマト	6個
たまご	2個
牛乳	大さじ2
塩	ひとつまみ
こしょう	少々
植物油	大さじ1

たまごのたんぱく質で朝から元気に！

作り方

1. へたをとったミニトマトを半分に切る。
2. ボウルにたまごを割ってほぐし、そこに牛乳、塩、こしょうを入れて混ぜる。
3. 油を入れたフライパンを中火であたため、1のミニトマトを入れる。さっといためたら、2を回し入れて大きくかき混ぜながら、たまごが好みのかたさになるように焼く。

弱火…なべの底に直接火があたらないくらい。

中火…なべの底に火の先があたるくらい。

強火…なべの底全体に火があたるくらい。

サラダ菜とハムのサラダ

材料（2人分）

サラダ菜	30g（小8枚）
ハム	2枚
フレンチドレッシング	大さじ1

作り方

1. ボウルにサラダ菜、ハムをちぎって入れる。
2. 1にドレッシングを入れて、混ぜる。

ハムは包丁を使わなくても手で切れるよ

1人分の献立

- 主食：ロールパン　2個
- 主菜：ミニトマトのスクランブルエッグ
- 副菜：サラダ菜とハムのサラダ
- 季節のくだもの（キウイフルーツ　1個）
- ヨーグルト　75g

1食あたりのエネルギー（カロリー）と栄養素

料理名	エネルギー(kcal)	たんぱく質(g)	脂質(g)	炭水化物(g)	カルシウム(mg)	塩分(g)
ロールパン　2個	185	5.1	5.1	29.2	26	0.7
ミニトマトのスクランブルエッグ	142	6.3	11.0	4.2	43	0.5
サラダ菜とハムのサラダ	47	1.7	3.7	1.6	9	0.7
キウイフルーツ	36	0.6	0.1	6.7	18	0.0
ヨーグルト	42	2.5	2.1	2.9	90	0.1
合計	452	16.2	22.0	44.6	186	2.0

昼食におすすめの献立

主食、主菜、副菜をかねた料理で、しっかりカロリーも栄養素もとれるよ。

しっかり食べて午後の活動のエネルギーを補おう！

わかめのスープ

ビビンバ風どんぶり

ビビンバ風どんぶり

材料（2人分）
- 牛こま切れ肉 …………………… 150g
- 小松菜 ………………… 2株（80g）
- しめじ ……………… ½パック（50g）
- もやし ………… 約½ふくろ（100g）
- 焼き肉のたれ ………………… 大さじ2
- 植物油 ………………………… 大さじ1
- ごはん ……………………………… 400g

作り方
1. 小松菜を3～4cmくらいの長さに切る。じくと葉に分ける。
2. 油を入れたフライパンを中火であたため、しめじ、もやし、小松菜のじくの部分を入れていためる。油が全体にいきわたったら牛肉をほぐしながら加えて、いためる。
3. 牛肉の色が変わったら、小松菜の葉を加えてさっといため、焼き肉のたれを回し入れてなじむようにいためる。
4. 器にごはんを入れ、3をのせる。

しめじは、手でほぐしてから入れよう

小松菜にはカルシウムがたっぷり！

牛肉のたんぱく質は成長に欠かせない！

わかめのスープ

材料（2人分）
- カットわかめ ………………… ひとつまみ
- にら ……………………… 2本（30g）
- 水 ………………… 1½カップ（300ml）
- 鶏がらスープのもと ………… 小さじ1
- 塩、こしょう …………………… 各少々

作り方
1. にらをキッチンばさみで食べやすい長さに切る。
2. なべに水、鶏がらスープのもとを入れて中火にかけ、ふっとうしたらカットわかめを入れる。わかめがやわらかくなったら、にらを加え、塩、こしょうを入れて味をととのえる。

にらの根元に近いところは、葉先より細かめに切ろう

わかめはミネラルが豊富！

1人分の献立
- ●主食／主菜／副菜：ビビンバ風どんぶり
- ●副菜：わかめのスープ

1食あたりのエネルギー（カロリー）と栄養素

料理名	エネルギー(kcal)	たんぱく質(g)	脂質(g)	炭水化物(g)	カルシウム(mg)	塩分(g)
ビビンバ風どんぶり	634	16.4	25.3	80.1	77	1.6
わかめスープ	7	0.4	0.0	0.9	13	1.1
合計	641	16.8	25.3	81.0	90	2.7

さけのカレームニエル

材料（2人分）

生ざけ	2切れ（200g）
塩、こしょう	各少々
A ┌ カレー粉	小さじ¼
└ 小麦粉	大さじ1
バター	大さじ1
ブロッコリー	6房（90g）

作り方

1. Aの材料を混ぜておく。
2. さけに塩、こしょうを両面にふって5分くらい置いておく。5分たったら、1のAを両面にまぶす。
3. フライパンにバターを入れ、中火にかける。バターが溶けかけたら、さけの皮の方を下にして入れて焼く。さけの厚みの半分以上が白っぽくなってきたら、フライ返しなどでひっくり返して反対側も焼く。
4. 3を器に盛り、ブロッコリーをそえる。

さけはビタミンが豊富だよ！

ブロッコリーは洗って、ひと口くらいの大きさに切り、塩を加えた湯で3分くらいゆでて、ザルに上げて冷ましておく。

ポテトサラダ

材料（2人分）

じゃがいも	1個（150g）
ミックスベジタブル（冷とう）	40g
マヨネーズ	大さじ1
塩、こしょう	各少々

作り方

1. 耐熱容器にミックスベジタブルを入れ、電子レンジ（600W）で30秒〜1分温めて解とうする。
2. じゃがいもの皮をむいて、8等分に切る。それを耐熱ボウルに入れ、ラップをふんわりかけて、電子レンジ（600W）で2分温める。熱いうちにつぶし、塩、こしょうを加えて混ぜる。
3. 2にミックスベジタブルを加えて混ぜる。さらにマヨネーズも加えて混ぜる。

じゃがいもは、つまようじや竹ぐしをさしてみて、スッと通るくらいまで温める。

とうふとねぎのみそ汁

材料（2人分）

だし汁	1と½カップ
木綿どうふ	約⅓丁（100g）
長ねぎ	¼本（25g）
みそ	大さじ1

作り方

1. 長ねぎはキッチンばさみで食べやすい長さに切る。
2. なべにだし汁を入れて温める。ふっとうしたら、1のねぎ、とうふをスプーンですくって加える。再びふっとうしたら、火を弱め、みそを溶きながら加える。

1人分の献立

- 主食：ごはん（200g）
- 主菜：さけのカレームニエル
- 副菜：ポテトサラダ
- 副菜：とうふとねぎのみそ汁

1食あたりのエネルギー（カロリー）と栄養素

料理名	エネルギー(kcal)	たんぱく質(g)	脂質(g)	炭水化物(g)	カルシウム(mg)	塩分(g)
ごはん	312	4.0	0.4	69.2	6	0.0
さけのカレームニエル	199	21.0	8.4	8.7	40	0.7
ポテトサラダ	93	1.6	4.5	7.6	8	0.4
とうふとねぎのみそ汁	60	4.8	2.8	3.5	65	1.3
合計	664	31.4	16.1	89.0	119	2.4
朝食・昼食・夕食の合計	1757	64.4	63.4	214.6	395	7.1

運動をがんばったときにおすすめの献立

運動で消費した
カロリーや栄養素を
しっかり補うことのできる
メニューだよ。

オレンジ

カラーピーマンのナムル

おいしいごはんで
つかれを
ふきとばそう！

トマト

かぶとかぶの葉のみそ汁

豚肉のしょうが焼き

ごはん

1人分の献立

- 主食：ごはん（200g）
- 主菜：豚肉のしょうが焼きとトマト
- 副菜：カラーピーマンのナムル
- 副菜：かぶとかぶの葉のみそ汁
- オレンジ　½個

1食あたりのエネルギー（カロリー）と栄養素

料理名	エネルギー（kcal）	たんぱく質（g）	脂質（g）	炭水化物（g）	カルシウム（mg）	塩分（g）
ごはん	312	4.0	0.4	69.2	6	0.0
豚肉のしょうが焼き・トマト	364	17.5	22.7	21.9	20	1.4
カラーピーマンのナムル	55	1.2	4.3	2.1	58	0.6
かぶとかぶの葉のみそ汁	30	1.8	0.6	3.7	66	1.3
オレンジ	25	0.4	0.1	5.6	13	0.0
合計	786	24.9	28.1	102.5	163	3.3

豚肉のしょうが焼き

材料（2人分）

豚肉（しょうが焼き用）	180g
小麦粉	少々
玉ねぎ	¼個（50g）
しょうが	小1かけ
A ┌ しょうゆ、酒、みりん、水	各大さじ1
└ さとう	小さじ1
植物油	大さじ1
トマト（くし形に切る）	1個

作り方

1. 玉ねぎをたてにうす切りにし、耐熱ボウルに入れ、ラップをして電子レンジ（600W）で1分温める。
2. 豚肉に小麦粉をうすくまぶす。
3. Aの材料を混ぜる。さらにしょうがをすりおろして加える。
4. フライパンに油を入れ、中火で温めて、豚肉の両面を焼く。火が通ったら取り出す。
5. 4と同じフライパンにAを入れてにたて、玉ねぎを加えてさっとにる。そこに、4の肉を入れてからめる。くし形に切ったトマトといっしょに皿に盛りつける。

豚肉にふくまれるビタミンB₁はつかれたからだを回復させるよ！

小麦粉は両面にまぶそう

カラーピーマンのナムル

材料（2人分）

カラーピーマン（黄・オレンジ・緑）	各1個（30g）
A ┌ 白すりごま	大さじ1
│ 塩	ひとつまみ
│ ごま油・酢	各小さじ1
└ しょうゆ	小さじ½

作り方

1. Aの材料を混ぜておく。
2. カラーピーマンをたてに細切りにする。耐熱ボウルに入れラップをして、電子レンジ（600W）で2分温める。
3. 2の水気を軽く切って1と和える。

ビタミンCたっぷり！

かぶとかぶの葉のみそ汁

材料（2人分）

かぶ	1個（120g）
だし汁	1½カップ（300ml）
みそ	大さじ1

作り方

1. かぶの根はくし形、葉は3～4cmのざく切りにする。
2. 小さいなべにだし汁を入れて、中火で温める。そして、1のかぶ、かぶの葉のじく、葉の順に加える。
3. 火が通ったら、火を弱め、みそを溶きながら入れる。

スポーツで使われる鉄をかぶの葉で補おう！

かぶを切ったところ。

おやつにおすすめの献立

おやつは200kcalぐらいがおすすめ！

みるくもち

たんぱく質とカルシウムがとれる！

材料（2人分）

- 牛乳 ………………… 1カップ（200ml）
- さとう ……………………… 大さじ2
- 片栗粉 ……………………… 大さじ2
- きなこ ……………………… 大さじ1
- メープルシロップ ………… 大さじ1

作り方

1. 小さいなべに牛乳、さとう、片栗粉を入れてよく混ぜる。
2. 1を火にかけながら、さらによく混ぜる。
3. もちもちになったら火を止める。水でぬらしたスプーンですくってバットなどに入れ、きなこをまぶす。器に盛り、メープルシロップをかける。

1食あたりのエネルギー（カロリー）と栄養素

料理名	エネルギー(kcal)	たんぱく質(g)	脂質(g)	炭水化物(g)	カルシウム(mg)	塩分(g)
みるくもち	169	4.0	4.3	28.2	129	0.1

勉強中の夜食におすすめの献立

めん類ではカロリーが低めの消化にいいうどんのメニュー！

食べてあとひとふんばりがんばれる！

ぐっすりねむりたいときにおすすめの献立

ねむりの質を上げる栄養素が入ったメニューで、ぐっすりねむれるよ。

豆乳なべ

材料（2人分）

- 鶏もも肉（なべ用、ぶつ切り） …… 180g
- レタス …… 1/2個（200g）
- にんじん（ピーラーでむいたもの） …… 50g
- しめじ …… 1パック（100g）
- だし汁 …… 2カップ（400ml）
- 無調整豆乳 …… 1カップ（200ml）
- ポン酢しょうゆ …… 大さじ4

作り方

1. なべにだし汁、鶏もも肉を入れ、強火にかける。ふっとうしたらあく*をとって、ふたをして弱火で10分くらいにる。そのあと、豆乳を加える。
2. 野菜を加えてにえたら、ポン酢しょうゆ、に汁をつけて食べる。

＊あく……食べもののしぶみやえぐみの成分。

1食あたりのエネルギー（カロリー）と栄養素

料理名	エネルギー(kcal)	たんぱく質(g)	脂質(g)	炭水化物(g)	カルシウム(mg)	塩分(g)
豆乳なべ	272	21.8	15.0	9.6	57	3.2
豆乳なべ（〆のごはん100gを追加）	428	23.8	15.2	44.2	60	3.2

〆にごはんを入れてもおいしい

たらこうどん

材料（2人分）

- 冷とううどん …… 1食分
- たらこ …… 1/2腹（30g）
- マヨネーズ …… 大さじ1
- 小ねぎ …… 1本
- きざみのり …… 適量

作り方

1. 冷とううどんを電子レンジで解とうして、温めておく（時間は、ふくろの表示を参考にする）。
2. たらこはうす皮から中身を出し、マヨネーズといっしょに混ぜる。
3. 2に温めたうどんを加えて混ぜ、キッチンばさみで食べやすい長さに切った小ねぎと、きざみのりをちらす。

たらこのビタミンB₁が糖質を脳のエネルギーに変えるよ！

1食あたりのエネルギー（カロリー）と栄養素

料理名	エネルギー(kcal)	たんぱく質(g)	脂質(g)	炭水化物(g)	カルシウム(mg)	塩分(g)
たらこうどん	312	11.4	10.2	40.9	28	2.2

もっと知りたい！カロリーや栄養にかんする Q&A

Q 0カロリーと書いてある飲みものって本当にカロリーがないの？

A カロリーがまったくないとは限らない！

商品の中には、「0カロリー」「カロリーゼロ」などと書いてあるものもあります。しかし、食品100g（100ml）あたりのカロリーが5kcal未満の場合は、食品表示法により「カロリーゼロ」と表示してもよい決まりになっているため、カロリーがまったくないとは限りません。

Q カロリーが高い食べものってどんなもの？

A 脂質が多い食べものはカロリーが高い！

カロリーがとくに高い食べものは、脂質が多い油脂類です。例えば、えごま油は100gで897kcalあります。ほかにも、オリーブ油は100gで894kcal、サラダ油は100gで886kcalです。油脂の種類によってカロリーに大きな差はありません。ただし、それぞれ脂質にふくまれる「脂肪酸」の種類がちがい、それによりからだにとって、どんなはたらきをするか変わってきます。

Q 野菜が苦手だから、野菜ジュースで栄養をとってもいい？

A それだけに頼るのはやめよう！

野菜ジュースは、野菜にふくまれる栄養素を手軽にとることができます。しかし、ビタミンCや食物繊維が少ないなど、野菜とまったく同じ栄養素をとれるわけではないので、完全に野菜の代わりにすることはできません。たまにおやつとして飲む、食事にプラスして飲むなど、栄養を補うものとして活用しましょう。

Q カロリーが高い食べものは栄養素も多い？

A 食べものによってふくまれる栄養素はそれぞれ！

カロリーが高くても栄養素が多いとは限りません。例えば、ケーキやスナック菓子、あまい炭酸ジュースなどは、脂質や糖類がほとんどで、ビタミンやミネラルなどのからだに必要な栄養素がほとんどふくまれていません。このように、カロリーは高いのにもかかわらず、栄養はからっぽなことを「エンプティカロリー」といいます。エンプティカロリーの食べものばかり食べていると、生活習慣病（→14ページ）の原因にもなります。

Q カロリーが高い食べものは太りやすいの？

A ふくまれている栄養素によってもちがう！

必ずしも、「カロリーが高い食べものは太りやすい」とは限りません。例えば、アーモンドは100gあたり641kcalある、高カロリーの食べものです。しかし、たんぱく質、脂質、炭水化物などの栄養素がバランスよくふくまれており、1日15gくらいならダイエット（→15ページ）のときのおやつに向いている食べものだといわれています。反対に、低カロリーでもGI値*が高い食べものはからだの脂肪がつきやすいとされています。例えば、じゃがいもは100gあたり59kcalですがGI値が高く、食べすぎには気をつけましょう。また、食べる時間や量、1日に食べたもののバランスなど、さまざまなことが関係してわたしたちのからだをつくります。

＊GI値……食べたあと、どれくらいの速さで血糖値が上がるかを数値化したもの。

Q 水にもカロリーがあるの？

A 水は0カロリー！

水にはカロリーのもとになる栄養素がふくまれていないので、0カロリーです。しかし、人間のからだの大部分は水分でできており、健康に生きるためにはしっかり水分補給をすることが大切です。運動量などによっても変わりますが、小学生くらいの子どもの場合、1日にだいたい2L～2.5Lの水分量が必要です。そのうち、およそ1Lくらいの水分を食事でとるため、残りの1Lくらいを水を飲んで補給するのがよいでしょう。

> 1日に必要な水分量（小学生）＝体重kg×60～80ml

Q 調理の仕方でもカロリーは変わる？

A 「油であげる」調理はカロリーが高くなるよ！

同じ食材でも、調理の方法によってカロリーにちがいが出てきます。肉の場合、ゆでたり焼いたりすると、脂肪などが落ちてカロリーが低くなります。反対に、油であげると、油を吸収してカロリーが高くなります。例えば、皮つきの鶏もも肉100ｇ 190kcalの場合、ゆでると151kcal、焼くと134kcalですが、からあげにすると251kcalになります。

Q サプリメントを飲めば健康になれる？

A サプリメントだけでなく、栄養バランスのとれた食事が大切！

サプリメントとは、ビタミンやカルシウム、鉄など、からだに必要な栄養成分を補うために加工された食品です。そのため、自分に足りない栄養素や、意識してとりたい栄養素を選んでとることができます。ただし、基本的に健康的な生活をおくるためには、バランスのとれた食事が基本です。サプリメントをとるときは、しっかり食事で栄養をとったうえで、おうちの人や栄養士、薬剤師や医師と相談しながらとるようにしましょう。

Q おうちの人が作ってくれるお弁当のカロリーが知りたい！

A お弁当箱の大きさをチェックしよう！

つめるおかずの種類や割合によって細かいカロリーは変わりますが、だいたいのカロリーはお弁当箱の容量とほとんど同じだといわれています。例えば、500ｍl容量のお弁当箱ならおよそ500kcalになるということです。ただし、主食：主菜：副菜を3：1：2の割合でつめた場合になります。

さくいん

あ

亜鉛 …………………………………… 24
栄養 ……………… 20, 31, 32, 44, 45, 46
栄養士 ………………………………… 29
栄養成分表示 ……………… 13, 18, 19, 26
栄養素 ………… 7, 9, 18, 19, 20, 21, 22, 24, 25,
　　　　　　　26, 27, 29, 31, 33, 34, 35, 36, 37, 39,
　　　　　　　40, 42, 43, 44, 45, 46
栄養バランス …………… 27, 28, 30, 32, 33, 46
エネルギー ……… 5, 18, 19, 20, 21, 22, 23, 24,
　　　　　　　25, 26, 27, 29, 35, 36, 37, 39, 40, 42, 43
エネルギー量 ……………………… 4, 5, 45
エンプティカロリー …………………… 45

か

加工食品 ……………………………… 18
菓子 …………………………… 18, 26, 30, 33
カリウム ……………………………… 31
カルシウム ………… 19, 24, 29, 31, 35, 37, 39,
　　　　　　　40, 42, 43, 46
基礎代謝 ……………………………… 8
基礎代謝量 …………………………… 12
吸収 ……………………………… 7, 9, 20
給食 ………………………… 13, 25, 28, 29
五大栄養素 ………………………… 22, 24
献立表 ………………………………… 25

さ

三色食品群 ………………………… 25, 28
三大栄養素 ……………………… 22, 23, 27
脂質 ……… 18, 19, 22, 23, 24, 25, 26, 27, 35, 37,
　　　　　　38, 39, 40, 42, 43, 44, 45
思春期 ………………………………… 15
主菜 ……… 30, 31, 32, 33, 35, 36, 37, 39, 40, 46
主食 ……… 30, 31, 32, 33, 35, 36, 37, 39, 40, 46
消化 ……………………… 7, 8, 9, 20, 38, 42

消費カロリー …………………………… 14, 15
食塩相当量 ……………………… 18, 19, 26
食事バランスガイド …………… 30, 32, 33
食品表示 ……………………………… 18
食物繊維 …………………………… 22, 44
身体活動レベル …………………… 11, 12
身長 ……………………………… 10, 11, 15
生活習慣病 ……………………… 14, 18, 45
成長期 …………………………… 11, 28
摂取カロリー …………………………… 14, 15

た

ダイエット ……………………………… 15, 45
代謝 …………………………………… 20
体重 ……………… 10, 14, 15, 21, 23, 45
炭水化物 ……… 18, 19, 22, 23, 24, 25, 26, 27, 31,
　　　　　　　35, 37, 39, 40, 42, 43, 45
たんぱく質 ……… 18, 19, 22, 23, 24, 25, 26, 27,
　　　　　　　31, 35, 37, 39, 40, 42, 43, 45
適正体重 ……………………………… 15
鉄 ……………………………… 24, 29, 41, 46
糖質 ……………………………… 22, 24, 33, 43

な

ナトリウム ……………………… 18, 19, 24
熱量 ……………………………… 4, 18, 19, 26

は

PFCバランス ……………………… 23, 27
ビタミン ……… 19, 22, 24, 25, 29, 31, 33, 39,
　　　　　　　41, 43, 44, 45, 46
副菜 …… 30, 31, 32, 33, 35, 36, 37, 39, 40, 46

ま

マグネシウム ………………………… 29
ミネラル ……………………… 24, 31, 33, 37, 45
無機質 ……………………… 22, 24, 25, 31

ら

ローレル指数 ………………………… 15

監修● **牧野直子**（まきの なおこ）

管理栄養士、料理研究家。「スタジオ食（くう）」代表。女子栄養大学在学中より、株式会社ダイエットコミュニケーションズで栄養指導・教育を行い、就職。その後、フリーランスの管理栄養士として活躍し、スタジオ食を設立。料理研究家としてレシピ提案、料理制作を行うほか、管理栄養士としての観点から、栄養やダイエットに関する講演活動や、栄養指導も行っている。日本肥満学会会員、日本食育学会会員・評議員、女子栄養大学生涯学習講師。著書・監修に『からだおたすけ 食べ物辞典 こんなときなに食べる？』（KADOKAWA）、『１食20gが簡単にとれる！ たんぱく質しっかりおかず』（池田書店）、『はじめてママ＆パパの 子どもの栄養』（主婦の友社）など多数。

装丁・本文デザイン	鷹觜麻衣子
イラスト	兒島衣里
撮影	寺岡みゆき
スタイリング	深川あさり
校正	村井みちよ
写真	Pixta
編集・制作	株式会社KANADEL

生きるための エネルギー
カロリー！
❶ カロリーをとろう

2024年12月　初版第1刷発行

発行者	吉川隆樹
発行所	株式会社 フレーベル館
	〒113-8611 東京都文京区本駒込6-14-9
電　話	営業 03-5395-6613
	編集 03-5395-6605
振　替	00190-2-19640
印刷所	TOPPAN株式会社

©フレーベル館2024　Printed in Japan
ISBN978-4-577-05301-0　48P／31×22cm／NDC 498
乱丁・落丁本はおとりかえいたします。

フレーベル館出版サイト　https://book.froebel-kan.co.jp

本書のコピー、スキャン、デジタル化等無断で複製することは、著作権法で原則禁じられています。また、本書をコピー代行業者等の第三者に依頼してスキャンやデジタル化することも、たとえそれが個人や家庭内での利用であっても一切認められておりません。さらに朗読や読み聞かせ動画をインターネット等で無断配信することも著作権法で禁じられておりますのでご注意ください。

生きるためのエネルギー
カロリー！

1 カロリーをとろう

「カロリー」ってなんだろう？ カロリーの基礎知識と、食べものや飲みものからカロリーを「とる」ことを中心に、栄養素やシーン別のおすすめ献立も紹介します。

2 カロリーを使おう

カロリーは何もしなくても「使って」いる！基礎代謝の知識や、運動・勉強・睡眠などで使われるカロリーの量を知って、上手な健康管理を目指しましょう。

全2巻

いろいろな食べもの・

身近な食べものや、飲みもののカロリーを調べてみよう！

ごはん（1ぱい150g）	おにぎり（具なし1個70g）	食パン（6枚切り1枚60g）

234kcal	109kcal	149kcal
そば	うどん	ラーメン（しょうゆ）

300kcal	288kcal	437kcal
ミルクチョコレート（1枚約50g）	クッキー（1枚30g）	しょうゆせんべい（1枚25g）

275kcal	138kcal	92kcal
いちごショートケーキ（1個90g）	かき氷（1ぱい120g）	アイスクリーム（1カップ75ml）

283kcal	71kcal	153kcal